AF395325

ENSEIGNEMENTS

DE LA

GUERRE RUSSO-JAPONAISE

Note n° 5. — Etablissement des liaisons sur le champ de bataille (Emploi du télégraphe et du téléphone).

Décembre 1905

Exemplaire n° _______ remis à _______

Confidentiel

Enseignements de la guerre
russo-japonaise.

Note N° 5

Établissement des liaisons sur le champ de bataille.
(Emploi du télégraphe et du téléphone)

Sommaire — Pages

Nécessité d'un système très complet de liaisons...... 1

A. - Armée japonaise

Stabilité des États-majors sur le champ de bataille... 4
Large emploi des communications électriques........ 4
Chaque Division japonaise dispose d'une section télégraphique.. 5
Avantages du dispositif japonais - - - - - - - - - - - 6

B. - Armée russe

Ressources en compagnies de télégraphistes au début de
la guerre (1 Cⁱᵉ par Corps d'armée) - - - - - - - - - 8
Augmentation du nombre des Compagnies de télégraphistes jusqu'à la proportion de 2 par C. d'Arm. environ 8

Résumé - - - - - - - - - - - - - - - 11

Emploi du téléphone en Allemagne - - - - - - - - 12

Conclusion. - Nécessité de l'augmentation de nos
compagnies de télégraphistes - - - - - 13

Établissement des liaisons sur le champ de bataille
(Emploi du télégraphe et du téléphone)

———

D'après l'expérience de la guerre russo-japonaise, la question des liaisons à établir sur le champ de bataille entre les différents échelons du commandement et entre les troupes voisines, est une des plus importantes à résoudre dans la guerre moderne.

Sur les fronts considérables que présentent bien souvent les Corps d'Armée et les Divisions, il n'est pas possible, aux Commandants des grosses unités, d'exercer leur action sur leurs subordonnés et de recevoir d'eux, au moyen de rapports fréquents, des renseignements sur la situation de l'unité qu'ils commandent, et sur l'ennemi, qu'au moyen d'un système très perfectionné de liaisons assurant des communications sûres et rapides.

Sans ces liaisons, le commandement ne pourra pas savoir, en temps utile, ce qui se passe sur le front de combat et n'aura pas la possibilité de faire concorder l'action des différentes unités vers un but commun.

D'autre part, les liaisons entre les

troupes ------

troupes voisines deviennent plus nécessaires, par suite de l'extension des fronts qui éloigne, les unes des autres, les unités poursuivant un but commun.

Enfin, la nécessité, pour l'artillerie, de faire fréquemment du tir indirect, exige des liaisons avec des observateurs souvent fort éloignés.

Au moment où la nécessité d'avoir d'excellentes liaisons devient de plus en plus impérieuse, les moyens employés jusqu'ici tendent à devenir de plus en plus précaires pour ne pas dire impraticables.

La pluie de plomb et de fer qui est lancée par l'infanterie et par l'artillerie sur des zones très profondes du champ de bataille, rendra, en effet, très dangereuses ou très lentes les communications par estafettes et par officiers d'État-Major; très dangereuses si l'agent de liaison suit le chemin le plus court, très lentes s'il se préoccupe de sa sécurité dans l'intérêt de la mission qu'il a à remplir.

Les Conclusions relatives aux enseignements de la guerre russo-japonaise formulées par une commission présidée par le Grand-Duc Serge Mikhaïlowitch, Inspecteur Général de l'artillerie russe, renferment le passage suivant :

"Le maintien constant de la liaison entre toutes les parties de l'ordre de combat joue maintenant un rôle décisif. Tous les chefs doivent être ----- --

être en communication incessante entre eux ; en particulier, l'infanterie et l'artillerie doivent se maintenir en continuelle communication. Il n'y a pas un chef d'artillerie à qui il soit permis d'ignorer, un instant, ce que fait l'infanterie et ce qu'elle se propose de faire.

"Les moyens matériels pour assurer la liaison sont, le téléphone, le télégraphe et différents modes de signalisation. La transmission des ordres dans les secteurs de combat, sous la vue de l'adversaire, au moyen d'estafettes, est devenue inadmissible, elle doit être proscrite, attendu qu'elle ne conduit qu'à faire tuer inutilement ces estafettes."

Dans ces conditions, il est intéressant d'étudier de quelle façon les liaisons ont été établies par les Japonais et par les Russes sur le champ de bataille.

A. Armée japonaise

<table>
<tr><td>Stabilité des
États-Majors sur
le champ de
bataille.</td><td>Tous les observateurs ont été frappés du caractère de stabilité et de sécurité qu'affectaient les installations des États-majors sur le terrain.

Le rapport du Colonel Lombard renferme à ce sujet les renseignements suivants:

"Le Général et son État-major, sont installés sur un point d'où l'on puisse voir le mieux possible (1) et d'où les communications soient faciles avec les différents éléments de l'unité de commandement.

"Cet observatoire est établi à plusieurs kilomètres en arrière de la ligne de feu pour la division, et à quelques kilomètres plus en arrière pour l'armée.

"On s'y installe aussi commodément que possible: on y apporte de puissantes lunettes stéréoscopiques, à prismes des meilleurs modèles et parfois des tables et des chaises.

"On y construit ses abris contre les schrapnels, s'il y a lieu.

"On y établit, en tout cas, un ou plusieurs postes télégraphiques et téléphoniques.</td></tr>
<tr><td>Large emploi
des communi-
cations élec-
triques. —</td><td>Le large emploi des communications électriques, pendant toute la durée de la bataille, par le Commandement japonais est, d'après le Colonel Lombard, une des caractéristiques de la campagne.

Le Commandement...</td></tr>
</table>

(1) D'après le commandant Payeur, les États-majors s'installent même, fréquemment dans des fonds et détachent un ou 2 officiers sur les crêtes pour observer avec de fortes lunettes.

- 5 -

Le Commandant d'une armée est toujours relié télégraphiquement avec le grand quartier général, avec tous ses divisionnaires et avec les Commandants des armées voisines.

" Le Général de Division est relié avec les Divisions voisines et souvent avec ses deux brigadiers.

" Le Général commandant une grande unité la dirige ainsi sur le champ de bataille, pour ainsi dire comme du fond de son bureau.

Les Généraux de Brigade chargent quelquefois dans des circonstances critiques avec leurs troupes, mais on ne voit jamais de Généraux de Division sur la ligne de combat.

" Les appareils télégraphiques et téléphoniques permettent d'installer, presque instantanément, un poste n'importe où

Le fonctionnement de ces appareils et la pose des lignes, sont facilement assurés par le personnel nombreux dont dispose chaque Division (1 section télégraphique de 2 officiers et 100 hommes).

" Dès que les États-majors se déplacent, ce qui arrive rarement, des équipes de télégraphistes déroulent à leur suite des bobines de câbles pour maintenir la communication.

" Le Général Commandant une armée reste ainsi parfois plusieurs jours sur un même point d'observation et le fait n'est

pas rare - - - - - -

pas rare non plus pour les divisionnaires.

Ce système, très développé, de communications électriques, a permis au commandement japonais de s'exercer avec beaucoup de calme et d'efficacité.

En ne se déplaçant pas, les Généraux japonais étaient à même de recevoir sans retard les ordres de leurs supérieurs et les comptes-rendus de leurs inférieurs.

Étant ainsi renseignés sur ce qui se passait sur tout le front de combat, ils n'étaient pas amenés à s'en rapprocher pour chercher à se rendre compte par eux-mêmes.

Ils évitaient ainsi de perdre le contact avec les parties du front qui échappaient aux vues, et d'attacher une importance exagérée à ce qui se passait dans la zone vue.

Avantages du dispositif japonais. —

- Travaillant dans le calme, recevant de fréquents rapports, n'ayant pas leur État-major dispersé pour jouer le rôle d'estafettes, les Généraux japonais tenaient bien en mains leurs troupes et pouvaient les diriger dans les meilleures conditions. En outre, les renseignements et les ordres pouvaient être reçus et expédiés dans le minimum de temps.

Indépendamment des lignes télégraphiques et téléphoniques qu'ils ont employées sur une si large échelle, les Japonais avaient dans les compagnies d'infanterie des signaleurs munis de 2 fanions, l'un rouge, l'autre blanc ----

tion. Leurs mouvements correspondaient à un certain nombre de phrases simples convenues d'avance.

Ces signaleurs paraissent avoir été plus employés en station qu'au combat. Dans ce dernier cas, leurs mouvements attiraient le feu de l'ennemi.

Chaque régiment d'infanterie possédait 4 estafettes fournies par le régiment de cavalerie divisionnaire, et un certain nombre de téléphones

B - Armée russe.

Ressources en compagnies de télégraphistes.

L'armée russe paraît s'être rendu compte de l'importance des liaisons électriques en campagne, car chaque corps d'armée était pourvu d'une compagnie de télégraphistes faisant partie du bataillon du Génie de ce corps d'armée, disposant de 90 k. de conducteur et pouvant constituer 8 postes électriques et 2 postes optiques.

Cette compagnie se divise en 3 sections. Son effectif est de 7 officiers, 209 hommes de troupe dont 54 sous-officiers, et 144 voitures.

Augmentation du nombre des compagnies de télégraphistes.

Cette proportion fut vite jugée insuffisante, et l'on créa au cours de la guerre un grand nombre de nouvelles unités de télégraphistes, savoir :

1º 23 Juin 1904. – 1 bataillon de télégraphistes à 4 Cⁱᵉˢ.

Effectif de guerre : 26 officiers, 1074 hommes de troupe, 745 chevaux, 160 voitures techniques et 85 voitures du-train.

Chaque Cⁱᵉ, composée de 2 divisions à 2 sections chacune, disposait de 6 surveillants et 36 télégraphistes manipulants pouvant former 12 postes télégraphiques ou optiques.

La longueur de conducteur dont disposait la compagnie n'a pas été indiquée.

2º 22 Décembre 1904. Création d'un nouveau bataillon de télégraphistes à 4 compagnies

de - - - - -

de même composition que le précédent.

3°.- A la fin de 1904 -(25 novembre) et au commencement de 1905 -(11 janvier), on créa encore 3 compagnies indépendantes de télégraphistes de Sibérie orientale affectés spécialement à la télégraphie sans fil.

L'effectif de chacune de ces compagnies était de 10 officiers, 2 fonctionnaires classés, 426 hommes dont 289 non combattants, et 258 chevaux.

Chacune disposait de six appareils marconi

4°.- Enfin du mois de mai 1905, on créa deux nouvelles unités dénommées demi-escadron de télégraphistes et sotnia de télégraphistes.

Ces unités étaient destinées à relier rapidement par le télégraphe, le téléphone ou les signaux optiques, les hautes autorités militaires. Elles étaient adjointes aux quartiers-généraux du Commandant en Chef et des Commandants d'armée.

Elles pouvaient construire chacune une ligne de 25 kilomètres environ (30 avec la réserve) et installer simultanément 4 postes télégraphiques, 8 postes téléphoniques et 4 postes optiques.

Le matériel du ½ escadron était porté par des voitures, celui de la sotnia, en partie par des animaux de bât.

Effectif du ½ escadron: 4 officiers, 106 h., 113 ch^x, 16 voit.
     — de la sotnia : 4 — , 101 –, 132 –(11 voit. 23 bâts)

Chacune - - - -

Chacune de ces unités comprenait 2 sections de télégraphe et téléphone et 1 section de signaux optiques.

Par suite de ces créations, l'armée russe disposait en Mandchourie, à la fin de la campagne, de 24 Cⁱˢ de télégraphistes et de 2 unités montées pour 13 corps d'armée, soit environ 2 Cⁱˢ par corps d'armée.

L'étude des ordres russes montre que dans les grandes unités, un officier supérieur d'État-major était spécialement chargé des liaisons. Il avait la haute main sur les télégraphistes et sur les estafettes.

Il résulte, de ce qui précède, que l'armée russe avait les moyens matériels nécessaires pour assurer les liaisons sur le champ de bataille, dans de très bonnes conditions.

D'après le rapport, déjà cité, des Officiers de la 35ᵉ Division, le téléphone a rendu de grands services et l'on n'a eu aucune difficulté à former des téléphonistes aussi bien dans l'infanterie que dans l'artillerie.

L'expérience a montré, dit ce rapport, que les 90ᵏ dont dispose la Cⁱᵉ de télégraphistes de corps d'armée, suffisent à ses besoins, mais doivent lui être exclusivement réservés.

Dans la dernière guerre, l'infanterie et l'artillerie en ayant trop peu (2 stations et 6 Kil. de fil par régiment et batterie), on préleva constamment du matériel dans la Cⁱᵉ de télégraphistes pour en donner aux corps. Il faudrait

3 à 4 . . . .

3 à 4 stations de 10^k. de câble léger par régiment ou État-Major et 3 à 4 stations avec 6 k. de câble par batterie ou groupe de batteries.

Le rapport affirme que le téléphone est surtout utile pour les communications entre les Divisions voisines et pour les liaisons entre les Divisions, les Brigades et les Régiments. Au dessus de ces unités, il vaut mieux employer le télégraphe afin d'éviter que le haut Commandement ne s'immisce dans trop de détails.

Il a été montré précédemment que l'armée russe était très largement dotée en personnel et matériel de télégraphie, ce qui devait lui permettre d'établir les liaisons dans de bonnes conditions.

Si ces dernières ont souvent laissé à désirer, cela paraît tenir, entre autres raisons, au fait que les grosses unités ne formaient, la plupart du temps, que des groupements temporaires, que l'on changeait constamment, même en cours de bataille et à ce que les Généraux russes, à l'encontre des Généraux japonais, se déplaçaient constamment avec leurs États-majors et se tenaient beaucoup trop près de la ligne des tirailleurs, ce qui les empêchait de recevoir et de donner des ordres en temps utile.

Résumé. - La guerre russo-japonaise a montré tout le parti que l'on peut tirer de l'emploi, dans une large mesure, comme moyen de liaison

du télégraphe - - - - - -

du télégraphe et du téléphone, ce dernier pour les zones voisines de la ligne de combat.

Le fait que Russes et Japonais ont fréquemment posé des lignes téléphoniques sous le feu, et que des régiments russes ont acheté des téléphones à leurs frais, montre quelle importance on leur attachait des deux côtés.

Elle met aussi, bien en évidence, l'avantage qui résulte de la stabilité des États-majors sur le champ de bataille et de leur installation à bonne distance en arrière des troupes.

Emploi du Téléphone en Allemagne -

L'exemple des Russes et des Japonais paraît devoir être suivi par l'Allemagne.

Lors des manœuvres impériales allemandes, on a fait au XVIIIᵉ corps, des essais d'emploi du téléphone comme moyen de communication pendant le combat.

Le Général von Eichhorn a, grâce au téléphone, conduit de fort loin en arrière tous les engagements de son corps d'armée.

Chaque Division disposait de 4 installations téléphoniques.

On pouvait, ainsi, assurer la liaison entre le Général de Division et le Général commandant le Corps d'Armée d'une part, et d'autre part, entre le Général de Division et les brigades d'infanterie et d'artillerie.

D'après le Commandant de l'aguiche la transmission des ordres a été tout à fait bonne.

clusion.   Dans son rapport d'ensemble, le Colonel Lombard estime qu'il y aurait lieu de s'inspirer de l'expérience de la Guerre russo-japonaise, et de doter la division et même la brigade des moyens de communications électriques nécessaires.

L'emploi de ces moyens serait justifié : 1° – par l'étendue du front de combat et la profondeur des formations – 2° – par la lenteur et la longue durée des combats de préparation dans la plupart des cas.

Notre personnel actuel de télégraphie militaire (1 bataillon de 6 compagnies, contre 11 compagnies en Allemagne) serait manifestement insuffisant pour assurer le service dans ces conditions. Il semble donc qu'il y aurait urgence à l'augmenter.

Les Russes avaient, en effet, 24 c[ies] et 2 unités montées de télégraphistes pour 13 Corps d'armée, en Mandchourie, à la fin de la guerre, outre les ateliers téléphoniques des régiments et des batteries ; quant aux Japonais, l'excellence des liaisons établies est vraisemblablement due, en grande partie, à l'énorme proportion de troupes du Génie dont ils disposent (1 Bataillon de 3 compagnies et une Section télégraphique de 100 hommes par Division).

Même en tenant compte du fait que l'on pourra souvent utiliser en Europe, dans une large mesure, le réseau existant, il semble, d'après l'expérience de la guerre russo-japonaise, qu'une notable augmentation de nos unités de télégraphistes s'impose sans préjudice du service téléphonique à organiser dans les régiments d'infanterie et unités d'artillerie.

Le large emploi du téléphone pourrait vraisemblablement être complété utilement par l'usage de motocyclettes et de voiturettes automobiles, pour les liaisons entre les Grands États-majors, sur le champ de bataille. En raison de leur vitesse, ces véhicules pourraient faire d'assez longs détours et éviter ainsi les zones trop dangereuses du champ de bataille.

L'emploi de ces différents systèmes n'empêcherait pas les liaisons au moyen d'officiers d'État-major à cheval, mais ce procédé tendrait à devenir l'exception.

9 782019 225100